LES
ORIGINES PRÉHISTORIQUES
ET HISTORIQUES

DE

ELNES, LUMBRES et WAVRANS - SUR - L'AA

Par l'abbé A. COLLET

Curé de Wavrans-lez-Elnes
Membre de la Société Académique de Boulogne-sur-mer,
des Antiquaires de la Morinie et de la
Société Préhistorique Française.

BOULOGNE-SUR-MER

IMPRIMERIE G. HAMAIN

83, RUE FAIDHERBE

—

1911

Les Origines Préhistoriques et Historiques

DE

Elyes, Lumbres et Wavrans-sur-l'Aa

Dans *ses Recherches historiques sur Thérouanne* M. Albert Legrand commence ainsi : « Aucun des « historiens modernes de l'antique cité des Morins, « pour compléter son œuvre ou du moins pour la « laisser moins imparfaite, ne s'est efforcé de fran- « chir l'époque de la conquête romaine, afin de « remonter jusqu'à l'origine de ce peuple, qui nous « précéde sur la terre que nous habitons et qui peut « avec raison être compté parmi nos aïeux (1). »

Le savant audomarois ne pouvait mieux exprimer le pressentiment qu'il avait d'une très reculée occupation par l'homme du sol de notre contrée.

Malheureusement son intuition n'avait devant elle, en 1839, que de rares et vagues renseignements transmis par les écrivains grecs et latins.

Il y a soixante-dix ans, la préhistoire laissait à peine soupçonner la haute antiquité de l'homme, jusque-là méconnue. Et, en vérité, cette jeune science n'intervient officiellement dans le domaine des questions accessibles à notre raison que depuis un demi-siècle tout au plus.

____

1 *Mémoires de la Morinie*, t. V, p. 61.

C'est elle qui, sous l'influence de la découverte du *tumulus* néolithique faite à Lumbres en 1901, a suscité la recherche dans la vallée méridionale de l'Aa des témoins authentiques de sa civilisation primitive.

C'est elle qui va maintenant servir à élucider le sens étymologique des mots : *Elnes, Lumbres, Wavrans*, ainsi qu'à mettre en lumière la genèse historique des trois lieux habités de chacun de ces noms·

L'amateur de silex taillés et polis n'a qu'à prendre à Lumbres la voie sud de grande communication, numéro 192, dite *le chemin de Thérouanne*. Cette ancienne route celtique qu'égaient à sa gauche les pentes boisées de collines crayeuses du sénonien et sur sa droite un plateau à vallonnements accentués, de formation exclusivement quaternaire, le conduit en dix minutes à Elnes, village de cinq cents habitants, le centre le plus riche des stations préhistoriques du pays.

Harbaville a vu la provenance du mot *Elnes* sous l'écorce latine de *Alnetum*, aulnaye (1), d'après peut-être cette remarque des *Géorgiques* : « Les aunes aiment à croître dans les terrains marécageux (2). »

Et, à dire vrai, de Lumbres à Merck-Saint-Liévin, sur une longueur de 12.000 mètres environ, une abondante frondaison d'arbres avides d'humidité ombrage les méandres de la rivière *Aa*.

Toutefois la dérivation proposée par l'auteur du *Mémorial historique et archéologique du Pas-de-Calais* n'est que spécieuse.

____

(1) *Mémorial historique et archéologique du Pas-de-Calais*, t. II, pp. 219 et 220.

(2) .... *crassisque paludibus alni*
    Nascuntur. (Virgile, *Géorg.*, liv. II, vers 110.)

C'est un principe regardé comme sûr que les mots, dans l'origine, n'ont pas été institués par fantaisie ou par convention. Ils ont été déterminés, au contraire, par une secrète affinité de la forme avec la nature des choses exprimées (1).

D'autre part, les lexicographes modernes reconnaissent généralement la nécessité de recourir à la langue des Germains, si l'on veut étudier avec intelligence les noms de lieux, en particulier.

Sur cette théorie se fonde le sens que nous attachons au mot *Elnes.*

D'après le philologue allemand Wachter, la voyelle *a* veut dire *eau* et sa diphtongue *aa, eau courante, rivière* (2).

L'appellation aquatique *aa* a fait l'*Elna* celtique, de date fort ancienne, mot qui s'est trouvé latinisé par l'effet ordinaire de la conquête romaine et trans formé en *Enula, Enna, Enela..*

Au xi⁰ siècle, le chanoine Ebrard, dans sa chronique de Watten, appelle *Enula* la rivière *Aa,* qu'il donne comme limite du territoire ménapien (3).

Sanderus a employé le même nom d'*Enula* dans sa *France illustrée,* t. I.

Vers le xiii⁰ siècle, l'*Elna* celtique est devenu *Enna*

(1) *Suum a naturâ rebus inesse nomen... quamdam nominum proprietatem ex rebus ipsis innatam esse* (Le *Cratyle,* dialogue de Platon relatif à la question des rapports du langage avec la pensée).

(2) *Aqua Anglo-saxonibus dicitur a...... Similiter septem.trionabilus a simpliciter positum aquam. duplicatum flumen denotat* (Wacther, *Glossar Germanic.* V° *Ach.*).

(3) *Pagi autem ipsius (mempisci) longitudo ab Oriente extenditur atque ab Occidente Enula, videlicet fluvio flumen excipiente terminatur* (Ebrard, *Miraculum* p. S. Donatium).

par le redoublement de la liquide *n*. En quelques
endroits habités de la Flandre maritime le voisinage
de l'*Aa* présente une localité appelée *Enna*, le nom
propre de son cours d'eau.

Malbrancq semble lui-même avoir particularisé
l'identification du terme *Aa*, qui signifie *rivière* et le
village qu'elle arrose quand, après avoir indiqué à
Lumbres le détour du lit de ce cours d'eau se diri-
geant brusquement du nord-est vers le sud-ouest,
l'historien de la Morinie nomme *Enela*, qu'il traduit
par *Esne*, le groupe des anciennes habitations bâties
le long des bords de cette « graet river », disaient
les Anglais pendant leur occupation du pays de
1316 à 1556 (1).

Examiné comme dénomination topographique du
village proprement dit, le mot *Elnes* a subi de nom-
breuses vicissitudes orthographiques.

Après le moyen âge la terminaison latine sonore *a*
fut remplacée par l'*e* muet et *Elna* s'écrivit *Elne* :
Ellart de Elne était mayeur de Saint-Omer en 1333.

Un peu plus tard, une articulation troublée subs-
titue la sifflante *s* à la liquide *l*, l'orthographe pho-
nétique amena la déformation *Esne* et les seigneurs
dudit lieu s'intitulèrent invariablement « barons
d'*Esne* », du xive au xviie siècle (2).

Entre temps, le mot qui nous occupe, par suite

---

(1) *Transmisso flumine itur in complures alias villas
ejusdem alveo recurvo assidentes, in Enelam, Wavrantem
Audomari pagum* (Malbrancq, *de Morinis*, t. I, p. 395.
Tournay, 1639-54.)

(2) Voir le P. Anselme : *Histoire généalogique et chrono-
logique de la Maison royale de France*, t. VI, p. 166. — Le
Roux, *Recueil de la Noblesse*, éd. 1715, pp. 117-118, etc.

d'une mauvaise lecture ou de la transposition des liquides *n* et *l* dans la désinence du vocable, s'est vu changé en *Eule*, *Eulle* ou *Œulle* indifféremment. On lit. par exemple à la page 665 des *Coutumes locales du bailliage d'Amiens* : « Coutumes gardées et obser- « vées en la terre et seignourie d'*Eulle*, appartenant « à hault et puissant seigneur, Mgr Jehan du « Bois, chevalier, seigneur, d'Esquerdes, Fruges « et dudit lieu d'*Eulle*. conseiller et chambellan or- « dinaire du Roy, laquelle terre et seignourie il tient « en baronnye de la conté de Fauquembergue. » On remarque *Œulle* dans l'Enquête de 1538 faite à Arras par les élus de la province sur les *Villages et hameaux d'Artois* ravagés pendant la guerre, ainsi que dans les coutumes générales du comté d'Artois publiés en 1679 (1).

A la Révolution notre nom recouvre la saveur de sa constitution aphone de *Enne* pour reprendre bien- tôt avec une *s* finale l'homonymie des deux corréla- tifs : *Elna*, *Elnes*, désignant la même chose que le sens générique de l'expression elle-même, c'est-à- dire la localité de ce nom et le cours d'eau qui tra- verse son territoire du nord au sud.

Non-seulement l'étymologie aquatique du mot *Elnes* s'explique par la situation du village sur les bords de l'*Aa* ou l'*Elna* celtique, mais la plausibi- lité de cette acception toute naturelle ressort bien de la raison suivante :

____

(1) *Coustumes générales du comté d'Artois avec celles de l'échevinage d'Arras, des bailliages de Saint-Omer, Bé- thune, etc., et outre les ordonnances concernant l'institu- tion, privilèges de la Chambre du Conseil d'Artois...* (Arras, chez du Til, MDCLXXIX, in-12).

Nos ancêtres de l'âge de la pierre vivaient de leur chasse et de leur pêche. Ils avaient certes à Elnes de quoi satisfaire leurs deux préoccupations essentielles. L'*Aa*, d'abord, assurait à ses riverains préhistoriques la surabondance du poisson et, de son côté, la colline de la vallée leur fournissait amplement sur les hauteurs boisées le gibier et dans les cordons horizontaux de silex qui séparent les assises de sa craie blanche la matière convenable à la fabrication des ustensiles : armes et outils.

Dès lors serait-il téméraire de supposer que nos pères des premiers âges de l'humanité, dont les œuvres paléolithiques témoignent d'une culture matérielle fort avancée, avaient l'intelligence suffisamment évoluée pour avoir su créer, avant l'arrivée même des Celtes et des Gaulois, des dénominations topiques conformes à la nature des choses exprimées : *quamdam nominum proprietatem ex rebus ipsis innatam esse !*

Le système que nous venons d'adopter pour découvrir l'origine du mot *Elnes* va nous guider dans l'explication du mot *Lumbres*.

Suivant une légende assez populaire ce dernier terme viendrait du latin *umbra*, ombre, ombrage, sous prétexte que le noyau habité, le plus anciennement connu, du bourg de Lumbres était planté de bois à fortes ramifications.

C'est encore là, à notre sens, une étymologie rentrant, comme la dérivation du mot *Elnes* par Harbaville, dans le domaine de la fantaisie.

Le village de Lumbres commence à la bifurcation de la rivière *Aa*. L'une des branches, la moins importante, forme un vallon étroit où coule vers l'ouest le *Bléquin*, ruisseau de 16 kilomètres de longueur : l'autre branche, qui a conservé le nom *Aa*, continue au sud de la vallée principale et après avoir zigzagué au milieu du thalwecq sur une longueur de 2 kilomètres environ (2.088 mètres exactement), elle présente, entre les deux communes annexes d'Elnes et Wavrans, un affluent, large de 3 mètres, dont les eaux irriguent les prairies de Fourdebecques.

Cette délicieuse riviérette est appelée dans maintes cartes géographiques des XVIIe et XVIIIe siècles *Hilex* (1) et les prés verts qu'elle arrose portent au cadastre communal de Wavrans la désignation de *près de Licques* (2).

Au vocabulaire de ses noms de lieux Bullet dit que le mot *Hilex* a pour racine celtique *lex*, qui signifie *rivière*, *cours d'eau*, d'où vient le nom de *Licques* donné aux prairies baignées par l'*Hilex*.

Découvrir une bonne étymologie est chose rare. Mais, puisque le radical *lex*, d'origine lointaine qui a formé λουω en grec et *luo* en latin, veut dire *arro-*

---

(1) Voir : *Les plans et profilz des principalles villes de la province de* PICARDIE, *avec la carte générale et les particulières de chascun gouvernement d'icelles* (p. 11), dressées l'an 1631, par le géographe royal Tassin ; — Atlas physique et historique, intitulé *Théâtre du monde (Amstelodami apud Joannem Janssonium anno 1649)* ; — une carte de 1656 par N. Sanson d'Abbeville (département des cartes de de la bibliothèque nationale, portefeuille 84, cote pièce 21), etc.

(2) « *Les prez de Licques de douze mesures et demie dudit* Wavrans *à l'endroit que l'on appelle* « le Vicier » rapportent année 375 livres. » Extrait des minutes du notaire André Vallée pour l'année 1753, déposées aux archives de la ville d'Anvers (Belgique).

ser, couler à travers, serait-ce une conception gratuite de tirer le mot *Lumbres* de *ler*, λουω, *luo* et d'attribuer une signification aquatique au vocable de ce village originairement bâti entre les eaux courantes de l'*Aa* et de le *Bléquin*.

A noter que la commune de Lumbres a plusieurs de ses lieux-dits composés de termes celtiques. Ainsi son hameau *Liauette*, mot dont l'orthographe exacte est l'*Yauette*, emprunte son nom à son ruisseau, un mince affluent de l'*Aa*, dont la forme antique *Elna* que nous avons examinée plus haut, a donné l'*Iane*, puis la *Liane* à Boulogne-sur-mer par un redoublement de l'article assez commun dans notre langue. Un autre des cantons de Lumbres porte au cadastre le vocable « Brudagne », parfois écrit « Brudane » dans des titres de famille.

Or Bullet dans son *Mémoire sur la langue celtique* et Ménage dans son *Dictionnaire étymologique* font dériver le terme *Brudagne* des deux mots celtiques *Breuil* ou *Brûle*, indiquant un lieu couvert et *ane* désignatif de cours d'eau.

Ici encore l'endroit dit « Brudagne ou Brudane (peu importe la variante puisqu'il y a identité de sens dans les deux orthographes) est situé sur le *Bléquin* et de vieilles traditions, se ravivant au contact des recherches d'aujourd'hui, nous ont appris qu'autrefois la bande territoriale, sise entre cet affluent de l'*Aa* et le chemin de fer de Boulogne à Saint-Omer, n'était qu'un fouillis de ronces, de broussailles et d'arbres entremêlés.

Par conséquent Lumbres semble avoir dans le radical celtique *ler, eau, rivière* qui marque la position géographique du village près de l'eau, une explication de son nom autrement rationnelle et valable que son étymologie à imagination basée sur le latin : *umbra*, ombre, ombrage.

Au surplus cette charmante localité, pleine d'avenir, a pour prouver sa grande ancienneté des titres archéologiques du plus puissant intérêt local. Indépendamment d'un cimetière franco-mérovingien que les travaux d'établissement, en 1884, d'une usine à ciment Portland mirent au jour, des meules romaines, des bronzes des IIe, IIIe, IVe siècles récoltés çà et là, la découverte, en 1901, d'un *tumulus* remarquable par son riche mobilier funéraire et celle, en 1902, d'un atelier néolithique sur le plateau nommé l'*Estillard*, dont la surface a fourni depuis dix ans plus de 5.000 silex taillés et polis, attestent une occupation humaine de son sol, allant des premiers temps préhistoriques à l'époque franque.

Notre coin habité qui s'appelle *Wavrans-sur-l'Aa* a également, comme *Elnes* et *Lumbres*, son histoire paléolithique, celle qui n'a pas été écrite, qui ne nous est connue par aucune parole humaine et dont les seuls vestiges sont des pierres, outils de silex taillés.

Outre ses divers gisements de l'industrie lithique aux lieux-dits l'*Hiler*, les *Cruptes*, le *Breuil*, des meules en poudingue, des médailles en bronze qu'il a livrées un peu partout, le village de Wavrans-sur-l'Aa possède d'autres témoins les plus caractéristiques d'un habitat lointain et important.

En l'an 54 où César s'engagea dans la Morinie pour passer en Bretagne, le conquérant romain, au dire des historiens Pline, Dion Cassius, s'étonna de rencontrer un peuple vivant sous des *tuguria* (1).

Le touriste qui se donne la peine de gravir la colline arrondie dite *les Monts* (section A du cadastre) ne manque jamais d'observer avec attention une trentaine de trous circulaires elliptiques manifestement creusés de main d'homme. Ces sortes de cuvettes, mesurant 3 et 4 mètres de profondeur et $3^m,50$ de diamètre, constitue les fonds d'autant de *tuguria*, huttes rondes, couvertes d'un toit formé de troncs d'arbres et d'un branchage souple, le tout mêlé de feuilles et de terre. Une autre particularité utile à savoir, c'est que des silex taillés et polis : haches en amande, percuteurs, nucléus, couteaux, scies, pointes variées, jonchaient littéralement les pourtours de tous ces *fonds de cabane* préhistoriques, qui ont servi jusqu'à l'époque romaine et même au-delà (2).

Avant la reconnaissance de ces *mardelles* que nous avons signalées en 1902, une quantité d'ossements humains avec crânes bien conservés, accompagnés d'armes oxydées et de vases funéraires couverts de dessins à la roulette, avaient été recueillis au pied desdits *monts* de Wavrans et à 600 mètres environ plus loin, de nombreux tessons de cruches romaines, à anses, mêlés à des poteries franco-mérovingiennes, des agrafes en bronze, dont la fibule ansée qui appartient à l'époque des invasions barbares, sortirent du terrain dénommé le *Courtil mon-*

---

(1) **Nam illi** (Morini)... non in urbibus, sed in *tiguriis* habitabant (Dio Cassius, *Hist. rom.*, liv. XXXIX, p. 44).

(2) L'*Anthropologie*, t. XV, pp. 388 et 401.

tant, hameau de Védringhem, sous la pioche des terrassiers occupés, en 1900, à établir un quai de raccordement de la ligne du chemin de fer d'Anvin-Calais avec la cartonnerie de M. Eugène Avot-Longain.

Assurément un ensemble aussi fourni et complet de témoins authentiques accuse pour Wavrans-sur-l'Aa un habitat reculé, sans lacune ou solution de continuité, équivalent au moins à celui d'Elnes et de Lumbres et c'est la pérennité indubitable de cet habitat préhistorique qui va maintenant mettre en lumière par son lien insoupçonné avec l'histoire écrite le fait mémorable de la résidence effective et habituelle en notre village du grand civilisateur de la Morinie, le premier évêque attitré de Thérouanne, Saint-Omer.

La généralité des hagiographes mentionne la *villa* que l'apôtre des Morins avait acquise à Wavrans, par donation (1) vers l'an 639.

C'est à cette date que l'histoire écrite du village commence. Son premier chapitre comporte un exposé de choses archéologiques plus intéressant peut-être que la valeur des textes.

Au début de son dur labeur évangélique Omer reçut de l'abbaye de Luxeuil où il avait vécu de longues années trois auxiliaires : Mommelin, Ebertram et Bertin, son parent. Les trois religieux se bâtirent une demeure monacale sur une butte appelée *Mommelin*, du nom du plus âgé d'entr'eux. Bientôt

---

(1) Diverterat ipse ad Wavrantem villam, que juri Audomaræo *ex donatione* accesserat (Malbrancq, *de Morinis*. lib. III, p. 388. Edit. Tournay, an. 1638'.

le nombre des néophytes augmenta tant, qu'il fallut se procurer un plus vaste monastère. On connaît l'histoire de la nacelle qui, flottant au gré des eaux, aborda dans l'île de Sithiu (1).

Malgré le gigantesque effort architectural qu'il faudrait apporter à la construction de la nouvelle solitude sur le fond vaseux et mouvant d'un marécage, l'évêque Omer approuva le choix providentiel du terrain.

Merveilleuse époque que ce viie siècle, que Mabillon appelle « l'âge d'or de la civilisation » dans lequel les évêques et les moines étaient aussi bien les maçons que les architectes de leurs édifices !

Afin d'asseoir solidement le nouveau cloître, l'apôtre des Morins fit extraire des mines calcaires de Wavrans situées au sommet de la colline, qui regarde tout à fait en face sa *villa* privée, les pierres nécessaires aux substructions. Une fois dégauchis et équarris sur place, ces blocs énormes étaient transportés à Sithiu par les ouvriers du pays, sous les encouragements d'Omer, puis étançonnés contre l'entraînement des eaux du marais avec des pilotis coupés dans la forêt de Clairmarais : *Ad opus* (structuræ Bertinensium in Sitiu) è fodinis lapidum, et è sylvis arborum vis immensa commigravit ; illi (lapides) proprinquo è Wavrante Juris Audomarœi villâ, hæ (sylvæ) Claromarisci è nemore... grandes et quadrati lapides cæmento etsi tenacissimo coagmentati etiam subsidunt, ut palis subter et ad latera altè infixis fuerint vinciendi... Non nescius horum.

___

(1) Voir le n° 107 du m[s] de Boulogne (*Vita atque miracula Sancti Bertini*.

Audomarus, gratulabundus venit, favet studiis, conatus urget, asserit locum, qui divino numere datus sit, divino etiam munere firmandum (1).

Rien n'est plus facile et même plus agréable que de contrôler sur les lieux la véridicité de l'historien de la Morinie, car les circonstances essentielles que son récit détaille y ont laissé des traces méritant d'être connues.

D'abord, à l'endroit des *Monts de Wavrans*, dont le pied, avons-nous dit, regarde au-dessus de la rivière la *villa*, réputée comme étant la maison qu'Omer habita, existe une cavité ouverte en entonnoir dans le banc crétacé de la colline.

La mystérieuse excavation cachait-elle une carrière proprement dite ou une grotte de haute antiquité. Nous avons personnellement essayé de le savoir. Son ouverture regarde le levant. Un couloir bas et étroit, taillé en plan incliné sur une longueur de 2 mètres, finit, après trois journées d'effort, par nous livrer l'aire du souterrain.

La cavité a l'aspect d'une véritable galerie de mine. Des compartiments multiples, enchevêtrés à ce point qu'on pourrait s'y perdre, se développent sur une longueur indéterminable à cause des éboulis des surplombs empêchant de parvenir à toucher leurs extrémités.

Dix chambres distinctes purent cependant être vérifiées dans l'espace compris entre 30 mètres de profondeur (côté Est-Ouest), 60 mètres environ de largeur (côté Nord-Est), avec une hauteur de $3^m,50$ sous plafond.

1) Malbrancq, *ouv. cité*, t. III, cap. XXVII, pp. 363-364.

Longues de 4 ou 5 mètres, larges en moyenne de 2^m,50, séparées l'une de l'autre par de gros piliers ou pieds-droits de 2 et 3 mètres d'épaisseur, ces chambres, vu leurs dispositions, rendent non-seulement évidente l'œuvre humaine, mais vraisemblable une exploitation primitive créée par l'évêque Omer pour l'édification bertinienne du viie siècle, selon ce dire de Malbrancq : ad opus structuræ Bertinensium in sitiu è fodinis lapidum vis immensa commigravit proprinquo è Wavrante juris Audomaroei villâ.

Certaines particularités significatives s'attachent d'ailleurs au fait archéologique que nous venons de décrire. Ainsi la cavité en question a la dénomination immémoriale de *carrière de Saint-Omer;* la route qui y mène est toujours dite : *le chemin de Saint-Omer;* la partie des coteaux de l'Aa située entre le mont *Colin* et une butte élevée à 124 mètres, que le langage local appelle la *tombe du mont Géant,* a conservé l'appellation traditionnelle de la *vallée de Saint-Omer.*

Après cela le terme *venit* qu'emploie Malbrancq n'indique-t-il pas nettement l'action d'un voyage de l'évêque Omer, heureux d'aller de sa *villa* de Wavrans porter de temps en temps aux ouvriers de *Sithiu* ses encouragements et ses félicitations : *gratulabundus venit, favet studiis, conatus urget.*

La construction bertinienne peut avoir duré six ou sept années. Elle n'était pas achevée le jour où la fille du comte d'Hesdin, Austreberthe, voulant se consacrer à Dieu, quitta furtivement le château paternel de Marconne et s'en fut trouver l'évêque de l'hérouanne qu'elle vit dans sa *villa épiscopale à Wa-vrans*. C'est Folquin qui le dit au chapitre xci, liv. II, de son Cartulaire.

Evidemment le moine bertinien, qui écrivait cela au xe siècle, n'était pas sans connaître la vallée de l'Aa et son témoignage emporte par la confiance que l'auteur inspire une nouvelle preuve de la résidence matérielle de l'apôtre des Morins à Wavrans-sur-l'Aa.

Voici un autre fait convaincant du séjour ordinaire de l'évêque des Morins au village de notre paroisse.

Pendant les mêmes années de 640 à 647 l'évêque écossais Liévin christianisa, à la grande joie de l'évêque de Thérouanne, la fraction du diocèse d'Omer s'étendant de Fruges à *Marka* (Mercq) de basse latinité et *Warnecque*, mot celtique formé de *Wer*, canton et *Necke*, retranchement, défense. On sait que ce hameau de Merck-Saint-Liévin constitue le plus solide des derniers contreforts des hauteurs du Boulonnais et qu'il a produit une quantité considérable d'objets paléolithiques et néolithiques, une hachette en jadéite, des meules en poudingue, des torques et anneaux en or, bref toute une collection d'objets affirmant là la présence de l'homme aux époques préhistorique et gallo-romaine (1).

A propos de l'apostolat de saint Liévin en nos parages, ses biographes rapportent qu'il disait sou-

---

1 Voir le *gisement de la Motte-Warnecque. Bull. hist. de la Soc. des Ant. de la Morinie*, t. XI, 215e liv., an 1905, p. 533.

vent la messe dans une crypte située près le castel de la *Motte, ponè castellum Lamotte dictum* (1). sur un autel en pierre, dont se servait parfois saint Omer, qui habitait alors Wavrans, commune limitrophe de Merck.

Un évêque du viie siècle était essentiellement missionnaire et ses fonctions n'avaient que celles de ses forces.

Se sentant pris de fièvre au milieu de ses tournées pastorales dans cette Morinie qui n'était qu'une forêt entrecoupée de marais, Omer rentra dans sa *villa* de Wavrans où il s'alita et trépassa le 9 septembre 670.

Folquin, dans son cartulaire de Saint-Bertin, Jean d'Ypres, Mabillon, Malbrancq, les légendes des bréviaires de Thérouanne et de Saint-Omer, s'accordent à fixer la mort du bienheureux Audomar *in villâ Wavrantis, quæ a Sithiu tribus ferè distat millibus.*

La tradition désigne encore, nous l'avons noté plus haut, la maison de M. François Hochart-Bailly, comme étant celle où le fondateur du christianisme dans la région de Lumbres rendit le dernier soupir à l'âge de soixante-treize ans.

Un calvaire en fer est adossé au mur extérieur, dont la base est en silex, de la chambre mortuaire, large de $2^m,50$ et longue de $5^m,40$. La couche funèbre fut, dit-on, l'objet de la vénération publique jusqu'au xiiie siècle et jadis Wavrans-sur-l'Aa s'ap-

(1) C'est le château aujourd'hui disparu des anciens princes de Croy. Son terrain est devenu la propriété de M. C. Zunequin-Bouclet.

pelait Wavrans-Saint-Omer, tant il y avait union entre le village et son glorieux protecteur !

L'évêque Omer fut un civilisateur autant qu'un apôtre. Il ne se contenta pas d'évangéliser les idolâtres du pays ; il instruisit ses convertis dans l'art de construire, soit à la manière romaine, *more romano*, c'est-à-dire en pierre, soit à la façon gauloise, *more gallico*, c'est-à-dire en bois.

On se le rappelle, les grosses pierres que l'évêque architecte faisait tirer de sa carrière de Wavrans étaient dégauchies sur place et transformées en moellons d'appareil avant leur transport à l'île de Sithiu : *grandes et lapides quadrati.*

Dans son *compte-rendu des fouilles historiques de Saint-Bertin* exécutées en 1844 et 45, M. Henri de Laplane certifie que la Commission officielle a reconnu et admiré la parfaite conservation de « belles « pierres blanches taillées dans les fondements, « profonds de 3 mètres, de la *première église* élevée « au viiᵉ siècle sur la terre humide et sablonneuse « de Sithiu (1). » Cette force de résistance ou solidité de nos pierres de Wavrans, d'Elnes et de Lumbres ne doit pas trop surprendre, car il résulte des expériences faites en 1896 au Conservatoire des Arts et Métiers à Paris que les blocs sénoniens des coteaux de notre vallée de l'Aa, une fois bien dressés sur leur lit de carrière, supportent une pression moyenne de 25.000 kilogrammes par mètre carré avant d'offrir les premières fissures.

En même temps qu'il plantait avec le moine Bertin

____

(1) *Mémoires de la Morinie*, t. VII, 1ʳᵉ partie.

les jalons de la civilisation dans le bourg de Sithiu, Omer fondait le *vicus* ou village proprement dit de Wavrans-sur-l'Aa.

Il commença par ériger en bois, *more gallico*, sur le point culminant de sa *villa* un oratoire chrétien, qu'il entoura d'un *atrium*, cimetière, dont l'emplacement a conservé depuis le viie siècle la dénomination latine de *place de l'atre*.

Des populations accoururent auprès du saint évêque pour partager ses travaux, avec l'assurance de ne point manquer du nécessaire tant pour l'âme que pour le corps et, par suite, les habitations se groupèrent de plus en plus, depuis Wavrans jusqu'à Lumbres; mais toutes ces familles, loin de vivre dans un farouche isolement, formèrent un corps d'état travaillant sous la conduite d'Omer.

De là l'explication du qualificatif *maître maçon de style* si fréquent dans les archives communales des trois localités voisines : Wavrans, Elnes et Lumbres. On y lit à chaque page les noms, entr'autres, des *Azelart*, des *Caron*, des *Warenghen*, des *Delahaut*, des *Canler*, dont les ancêtres avaient l'immémoriale habitude de léguer à leurs enfants le marteau et la truelle héréditaires.

Sous le rapport religieux le saint évêque Omer, à son décès, laissa dans son *vicus* de Wavrans-sur-l'Aa un établissement chrétien doté des trois éléments nécessaires à sa vie et à sa durée : 1° une maison curiale en la *villa*, sa propriété, qu'il transmit à son coadjuteur Drancius de par un diplôme de lui portant la date du 18 mai 662 et impliquant l'acte de semblable donation d'après les termes de cette clause spéciale : *Wavrantem retineat oportet, Deo sic disponente...* : 2° un oratoire destiné au culte public ; 3° un *atrium* (cimetière), situé autour de l'église. Telle est bien la génèse de toute organisation paroissiale avec son appareil normal : une église, un cimetière et un presbytère, trois pieuses fondations rapprochées ou confondues dans un ensemble d'intérêts communs.

Encore un mot pour finir ; nous nous passionnons pour savoir l'origine de nos ancêtres. Très heureusement l'archéologie préhistorique est venue agrandir l'horizon des recherches.

Grâce à la palethnologie, en effet, nous avons à présent la certitude de l'existence au milieu de la région de Lumbres d'un monde où nos ancêtres ignoraient encore le métal et utilisaient seulement la pierre. Et l'importance si considérable des trouvailles paléolithiques et néolithiques sorties du pays jusqu'à ce jour met hors de doute qu'au vii° siècle l'illustre évêque Omer a rencontré tout autour de Wavrans-sur-l'Aa, lieu de sa résidence favorite, de nombreux clans communautaires, qui avaient dans les veines le sang des autochtones de la période quaternaire et des hommes de l'époque robenhausienne.

Wavrans-lez-Elnes, mai 1911.

A. COLLET.

Boulogne-sur-Mer.— Imprimerie G. Hamain, 83, rue Faidherbe.

Extrait du *Bulletin de la Société Académique de Boulogne-sur-mer*, tome IX.